D1877034

FSC
Mix
Produktgruppe aus vorbildlich bewirtschafteten Wäldern und anderen kontrollierten Herkünften
Zert.-Nr. SGS-COC-007065
www.fsc.org
©1996 Forest Stewardship Council

© 2011 NordSüd Verlag AG, CH-8005 Zürich
Alle Rechte, auch die der Bearbeitung oder auszugsweisen Vervielfältigung, gleich durch welche Medien, vorbehalten.
Lithographie: Schwabe Verlag AG, Muttenz, Schweiz
Druck und Bindung: Grafisches Centrum Cuno GmbH & Co. KG, Calbe, Deutschland
ISBN 978-3-314-10001-7

Besuchen Sie uns im Internet: www.nord-sued.com

Bruno Hächler • Friederike Rave

Die lustige Osterwerkstatt

NordSüd

Der Osterhase saß in seiner Werkstatt und kratzte sich mit dem Pinsel am Ohr. Er hatte Sorgen. Große Sorgen. Seine Werkstatt war vollgestellt mit weißen Eiern, die bis Ostern gefärbt und versteckt werden mussten. Selbst wenn er von sich behaupten konnte, der schnellste Eierbemaler der Welt zu sein: Allein würde er das nicht schaffen.

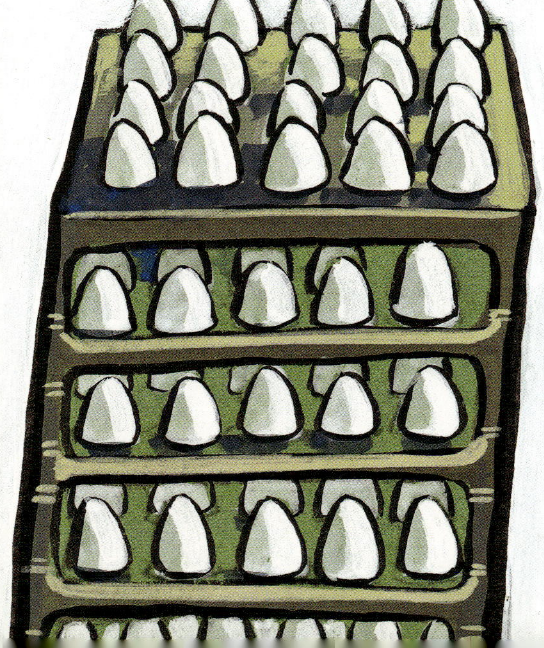

Dringend gesucht!
Aushilfe zum Eierfärben
Langohren mit Kunstverstand
melden sich schnellstens
beim Osterhasen.

Der Osterhase brauchte Hilfe. Wieder kratzte er sich am Ohr, denn das half beim Nachdenken. Dann hoppelte er zu seinem Schreibtisch, kritzelte etwas auf ein Blatt Papier und verschwand damit aus seiner Werkstatt.

Am nächsten Tag stand es groß in der Zeitung:

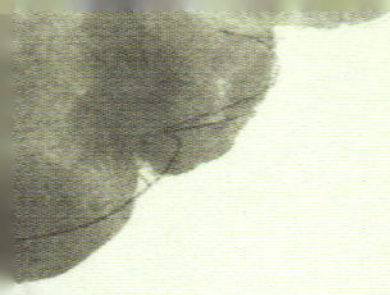

Bald trafen die ersten Bewerber ein.
Ein Esel. Drei Hunde. Ein Zebra.
Und – leicht versteckt in der zweiten Reihe – ein Elefant.

Das hatte der Osterhase nicht erwartet. »Ihr ... ihr seid ja gar keine Hasen«, stammelte er. »Aber wir haben lange Ohren«, rief einer der Hunde. Und sogar der Elefant in der zweiten Reihe versuchte, seine riesigen Ohren möglichst lang aussehen zu lassen.

»Na gut, kommt rein«, sagte der Osterhase.

In der Werkstatt nahm der Osterhase einen Pinsel, tauchte ihn in einen Farbtopf und zauberte damit rote, blaue und gelbe Tupfen auf ein Ei. Genau so wollte er es haben. Die Langohren machten sich eifrig an die Arbeit.

Doch so einfach, wie es beim Osterhasen ausgesehen hatte, war das Eierbemalen nicht. Der Elefant musste aufpassen, dass er mit seinen mächtigen Füßen kein Ei zerdrückte. Das Zebra konnte nur Streifen. Seine Tupfen waren alle irgendwie – länglich. Die drei Hunde waren recht talentiert. Aber noch bevor sie ein Ei fertig bemalt hatten, nahmen sie es zwischen die Zähne, rannten schwanzwedelnd in den Garten und vergruben es wie einen Hundeknochen.

Der einzige, der richtig herrliche Ostereier malte, war der Esel, denn der war ein Künstler. Doch ihr wisst, wie Künstler sind: Bis er mit einem Ei zufrieden war, dauerte es ewig. Mit gerunzelter Stirn schaute der Osterhase dem Treiben zu.

Als der Osterhase kurz weg musste, passierte es. Der Elefant hatte gerade wieder ein Ei zwischen seinen Füßen jongliert und verwegen den Pinsel geschwungen. Dabei musste er sich mit den feinen Pinselhaaren im Rüssel gekitzelt haben. Auf jeden Fall war ein donnerndes Niesen zu hören. Und bevor der Elefant wusste, was passierte, war sein Ei über und über mit geheimnisvollen Farbmustern bedeckt.

»Ooooooohhhhhh!«, riefen Esel, Hunde und Zebra entzückt. Das brachte den Elefanten auf eine Idee. Er nahm ein neues Ei, legte es vor sich auf den Tisch, tupfte den Rüssel in den Farbtopf und fing vorsichtig an, die Farbe aufs Ei zu blasen. Es funktionierte. Es funktionierte sogar sehr gut. Ein Ei nach dem anderen wanderte wundervoll verziert in den Korb.

Nun trauten sich auch Zebra, Esel und Hunde, so zu malen, wie sie es am besten konnten. Das Zebra malte schwarze Streifen. Der Esel schuf an diesem Tag sein größtes Kunstwerk. Die Hunde pinselten drauflos, wie es ihnen gerade in den Sinn kam. Vor allem vergruben sie nur noch ab und zu ein Ei. Dafür schnupperten sie mit ihren feinen Nasen die ausgefallensten Osterverstecke aus.

Als der Osterhase zurückkam, lagen sämtliche Eier fertig gefärbt in den Körben. Erwartungsvoll schauten ihn die Langohren an.

Das … das sind ja gar keine richtigen Ostereier«, jammerte der Osterhase.

»Aber sie sind wunderschön!«, rief einer der Hunde. Und sogar der Elefant in der zweiten Reihe lächelte verstohlen.

»Na gut, wenn ihr meint«, sagte der Osterhase.

Früh am nächsten Morgen machten sich der Osterhase und seine Gehilfen auf, die Eier zu verstecken. Die Hunde versteckten ihre so gut, dass einige nie mehr gefunden wurden. Doch das merkte niemand. Große und kleine Kinder staunten über die herrlich verzierten Eier. Am meisten bewundert wurden die schwarz-weiß gestreiften. Und man erzählt sich, dass seit jenem Tag auch der Osterhase ab und zu ein neues Muster ausprobiert.